MINISTÈRE DE LA GUERRE

RÈGLEMENT

SUR LE

SERVICE DES FRAIS DE DÉPLACEMENT

AUX MILITAIRES ISOLÉS

ANNEXE Nº 3ᵗᵉʳ DU 26 MAI 1921

Dispositions particulières
aux troupes d'occupation du Maroc
et à celles de l'armée du Levant
et du corps d'occupation de Constantinople

LIBRAIRIE MILITAIRE BERGER-LEVRAULT

Éditeurs de l'*Annuaire officiel de l'Armée française*

NANCY - PARIS - STRASBOURG

1921

Prix net : 1 franc.

ANNEXE N° 3ter DU 26 MAI 1921

Dispositions particulières
aux troupes d'occupation du Maroc
et à celles de l'armée du Levant
et du corps d'occupation de Constantinople

Paris, le 26 mai 1921.

Dispositions particulières aux troupes d'occupation du Maroc.

Règle générale. — Les dispositions de la présente annexe sont applicables à tous les militaires des troupes métropolita nes et des troupes coloniales désignés pour servir au Maroc (1).

PREMIÈRE PARTIE
APPLICATION PARTICULIÈRE DE CERTAINES DISPOSITIONS DU RÈGLEMENT AUX MOUVEMENTS POUR SE RENDRE AU MAROC OU EN REVENIR

MILITAIRES DÉSIGNÉS POUR SERVIR AU MAROC

ART. 1. — La désignation pour les troupes d'occupation du Maroc donne droit pour les militaires de carrière aux indemnités pour changement de résidence.

Les règles d'allocation sont, en principe, celles prévues par le décret et l'instruction.

---

(1) Les dispositions contenues dans la première partie sont applicables aux troupes de l'armée du Levant et du corps d'occupation de Constantinople.

Toutefois, les militaires de carrière se rendant au Maroc ou en revenant sont remboursés, au tarif de la grande vitesse, des frais de transport en chemin de fer de l'excédent des bagages qui les accompagnent au cours de leur voyage, mais seulement dans la limite des quantités de bagages admises en franchise sur les paquebots pour eux et, le cas échéant, leur famille.

D'autre part, plusieurs cas sont à prévoir pour les chefs de famille.

1er CAS. — *La famille accompagne le chef de famille au Maroc.*

La famille ne peut accompagner son chef au Maroc aux frais de l'État qu'après autorisation expresse du commandant en chef des troupes d'occupation du Maroc.

Les membres de la famille qui accompagnent, après autorisation, leur chef au Maroc ont droit à l'indemnité kilométrique dans les conditions réglementaires.

Pour le mobilier, le militaire intéressé reçoit une seule indemnité fixe de déménagement au taux de chef de famille et a droit à une première indemnité de transport de mobilier en petite vitesse de la garnison de départ au point de destination pour le poids du mobilier effectivement transporté au Maroc, dans la limite du poids maximum prévu pour le Maroc par le tableau A annexé au décret et sous déduction du poids des bagages remboursés en grande vitesse.

Il a droit, en outre, le cas échéant, à une deuxième indemnité de transport de mobilier depuis la garnison de départ jusqu'à la localité de France, de Corse, d'Algérie ou de Tunisie où il envoie le complément de son mobilier. Cette deuxième indemnité ne peut correspondre au plus qu'à la différence entre le poids maximum attribué pour la métropole, la Corse, l'Algérie et la Tunisie et le poids du mobilier et des bagages effectivement transportés au Maroc.

Ces mêmes dispositions sont applicables au retour définitif du Maroc pour rejoindre la nouvelle résidence d'affectation.

2e CAS. — *Le chef de famille part seul au Maroc.*

a) *La famille continue à résider dans l'ancienne garnison.* — Le chef de famille reçoit pour son changement de résidence personnel l'indemnité fixe de déménagement et l'indemnité de transport de mobilier aux taux prévus pour les célibataires par le tableau A annexé au décret.

Au retour définitif du Maroc, et lorsque la nouvelle résidence ne coïncide pas avec l'ancienne, l'indemnité de transport est allouée pour le mobilier resté sur place et l'indemnité fixe de déménagement est allouée au taux des chefs de famille.

b) *Au moment du départ de son chef, la famille quitte l'ancienne résidence pour se retirer dans une autre localité de la Métropole, de Corse, d'Algérie ou de Tunisie.* — Elle a droit pour son déplacement à l'indemnité kilométrique dans les conditions réglementaires. Pour le mobilier qui accompagne la famille, l'indemnité de transport est allouée pour le poids effectivement transporté et dans la limite de poids fixée par le tarif pour la Métropole, la Corse, l'Algérie et la Tunisie, sous déduction du poids du mobilier et des bagages emportés au Maroc comme célibataire par le chef de famille.

Les deux transports de mobilier n'ouvrent le droit qu'à une seule indemnité fixe de déménagement sur le taux de chef de famille.

c) *La famille quitte l'ancienne résidence dans un délai de six mois après le départ du chef de famille et se rend dans une autre localité de la Métropole, de Corse, d'Algérie ou de Tunisie.* — Ce déplacement, dans le délai réglementaire de six mois et avec l'autorisation du chef de famille, ouvre les mêmes droits pour l'indemnité kilométrique et de transport de mobilier que ceux prévus ci-dessus (paragraphe *b*) et donne lieu au rappel de la différence d'indemnité fixe de déménagement entre le taux perçu par son chef (paragraphe *a*) et le taux prévu pour les chefs de famille.

Les allocations prévues en *b*) sont attribuées pour rejoindre la nouvelle résidence d'affectation au retour définitif du chef de famille.

3° CAS. — *La famille est autorisée à rejoindre son chef au Maroc.*

L'autorisation de faire venir leur famille au Maroc aux frais de l'État ne doit être accordée qu'aux militaires ayant encore au moins une année de séjour à accomplir au Maroc et ne peut s'appliquer qu'aux familles ayant continué à résider dans l'ancienne garnison du chef de famille (2° cas, paragraphe *a*), les autres familles ayant épuisé leurs droits en se retirant dans une autre localité de France, de Corse, d'Algérie ou de Tunisie.

Les membres de la famille participant à ce déplacement aux frais de l'État reçoivent l'indemnité kilométrique dans les conditions réglementaires.

L'indemnité de transport de mobilier et de bagages est allouée pour le poids effectivement transporté par la famille dans la limite de poids fixée par le tarif pour le Maroc, sous déduction du poids du mobilier et des bagages déjà transportés par le chef de famille.

Pour le mobilier expédié, le cas échéant, dans une autre localité, il est fait application des dispositions du premier cas (4e alinéa).

Ce déplacement donne lieu au rappel de la différence d'indemnité fixe de déménagement entre le taux perçu par le chef de famille au moment de son départ pour le Maroc (2e cas, paragraphe *a*) et le taux prévu pour chef de famille.

Les indemnités relatives au mobilier doivent être calculées d'après le grade que le chef de famille possédait au moment de son départ.

Au retour définitif pour rejoindre la nouvelle résidence, il est fait application des dispositions prévues au premier cas.

4e CAS. — *La famille autorisée à résider au Maroc rentre avant le chef de famille pour un motif autre que la séparation de corps ou le divorce prononcé contre la femme.*

La famille rentrant du Maroc avant son chef a droit à l'indemnité kilométrique pour se rendre dans la localité où elle se fixe en attendant le retour du chef de famille.

L'indemnité de transport de mobilier et de bagages est allouée pour le trajet jusqu'à la localité où se retire la famille. Cette indemnité doit correspondre au poids effectivement transporté, dans la limite du poids maximum prévu pour le Maroc, et sans empiéter sur la quantité de bagages et de mobilier qui doit être réservée pour le rapatriement du chef de famille comme célibataire.

L'indemnité fixe de déménagement à allouer doit être égale à la différence entre les taux prévus pour les célibataires et les chefs de famille.

Les allocations à attribuer pour rejoindre la nouvelle résidence après le retour du chef de famille sont celles prévues au deuxième cas, paragraphe *b*), pour les familles qui ont quitté l'ancienne résidence pour se retirer dans une autre localité.

Les familles rentrées du Maroc par anticipation ont épuisé leurs droits et ne peuvent recevoir aucune allocation en cas de retour ultérieur au Maroc au cours du même séjour du chef de famille.

Observation générale. — Si le militaire fait venir à un moment donné sa famille au Maroc sans en avoir obtenu l'autorisation préalable, cette dernière est considérée comme ayant pour résidence soit la résidence qu'avait le militaire au moment de sa désignation pour le Maroc, soit celle choisie par la famille [2ᵉ cas, paragraphes *b*) et *c*)]; c'est sur ces bases que sont calculées les indemnités pour changement de résidence.

Un tableau synoptique faisant suite à la présente annexe résume les droits dans les différentes positions.

MILITAIRES TITULAIRES D'UN CONGÉ DE FIN DE CAMPAGNE OU DE CONVALESCENCE

ART. 2. — Les militaires rentrant du Maroc avec un congé de fin de campagne ou de convalescence ont droit :

a) Pour eux personnellement à la gratuité de droit de la traversée, à l'indemnité kilométrique et à l'indemnité journalière ou partielle pour le voyage au lieu de leur congé (une seule localité) et de ce lieu à leur nouvelle garnison d'affectation;

b) Pour les membres de leur famille (épouse, enfants mineurs et mère veuve, le cas échéant), régulièrement autorisés à séjourner au Maroc et qui rentrent en même temps que leur chef de famille, à la gratuité de droit de la traversée, à l'indemnité kilométrique pour se rendre également au lieu fixé par le congé et de ce lieu à la nouvelle garnison d'affectation;

c) Au remboursement de l'excédent de bagages dans les conditions fixées par le troisième alinéa de l'article 1.

Les membres de la famille restés en France (Corse, Algérie, Tunisie) ou non autorisés à accompagner le chef de famille au Maroc n'ont droit à l'indemnité kilométrique que du lieu où ils se sont retirés dans les conditions des deuxième cas [(paragraphes *b*) et *c*)] et quatrième cas (article 1).

Les dispositions du paragraphe *a*) ci-dessus s'appliquent également aux militaires accomplissant la durée légale du service et titulaires d'une permission de rapatriement.

MILITAIRES DE CARRIÈRE RENDUS A LA VIE CIVILE EN FRANCE, CORSE, ALGÉRIE ET TUNISIE, SE RETIRANT AU MAROC OU INVERSEMENT

ART. 3. — Les militaires de carrière qui se retirent au Maroc après avoir été rendus à la vie civile en France, en Corse, en Algérie et en Tunisie, ont droit, s'ils remplissent les conditions fixées par le paragraphe 2 de l'article 9 du décret sur le service des frais de déplacement, aux indemnités de changement de résidence ; l'indemnité de transport de mobilier leur est attribuée jusqu'à concurrence du poids maximum alloué par le tarif dans la Métropole et en Corse ou en Algérie-Tunisie suivant que le point de départ se trouve en France, en Corse, en Algérie ou en Tunisie.

Lorsque le point de départ se trouve en Algérie ou en Tunisie, les intéressés peuvent, le cas échéant, recevoir une deuxième indemnité de frais de transport pour le complément de mobilier laissé en France ou en Corse au moment de leur désignation pour l'Algérie ou la Tunisie.

Toutefois, cette deuxième indemnité ne peut correspondre au plus qu'à la différence entre le poids maximum prévu pour la Métropole et le poids effectivement transporté d'Algérie-Tunisie au Maroc.

Quant aux militaires rendus à la vie civile au Maroc et qui se retirent en France, en Corse, en Algérie ou en Tunisie, ils sont traités comme les militaires en activité de service rentrant définitivement du Maroc.

MILITAIRES LIBÉRÉS AU MAROC

Art. 4. — Les militaires des troupes d'occupation du Maroc quittant le service par suite de libération, réforme ou admission à la retraite, conservent le droit aux frais de déplacement et à la traversée pour rentrer en France, en Corse, en Algérie ou en Tunisie pendant un an à compter du jour de leur radiation des contrôles.

Les intéressés reçoivent, au moment où ils quittent le service actif, les indemnités de déplacement pour se rendre dans la localité du Maroc où ils se retirent.

Dans le cas où ils rentrent en France, en Corse, en Algérie ou en Tunisie dans le délai d'un an, ils reçoivent la différence entre les allocations dues de l'ancienne résidence au nouveau point à rejoindre et celles perçues lors de leur radiation des contrôles.

TRAVERSÉES MARITIMES ET DISPOSITIONS DIVERSES

Art. 5. — Les militaires à embarquer reçoivent du sous-intendant militaire (ou de son suppléant) du port d'embarquement les pièces de transport et les indications nécessaires.

La feuille de déplacement délivrée à un militaire pour se rendre au Maroc ou en revenir doit toujours porter, à titre d'indication, la destination finale.

Pour les officiers, sous-officiers et les militaires de la gendarmerie, la feuille de déplacement doit indiquer le jour du départ du paquebot à prendre.

Pour les autres hommes de troupe, il y a lieu de porter sur la feuille de déplacement une mention très apparente, indiquant :

1º Le jour où le militaire doit quitter sa garnison pour arriver en temps utile au port d'embarquement;

2º Le lieu où il doit se rendre dès son arrivée dans ce port.

En principe, tous les hommes de troupe (sous-officiers, caporaux et soldats) qui ont une traversée à effectuer doivent être dirigés sur le dépôt des isolés du port d'embarquement dans lequel ils sont placés en subsistance en attendant leur embarquement.

Les militaires qui se rendent de la Métropole, de Corse, d'Algérie ou de Tunisie au Maroc reçoivent au point de départ, les indemnités de déplacement afférentes au trajet à parcourir jusqu'au port d'embarquement ou jusqu'au premier poste du Maroc pour les parcours, par voie ferrée d'Algérie-Tunisie au Maroc oriental.

A leur débarquement ou à leur entrée par voie ferrée au Maroc, ils reçoivent par les soins du service de l'intendance ou du dépôt des isolés, les indemnités afférentes au trajet à parcourir du port de débarquement ou du premier poste du Maroc à leur destination finale.

Les indemnités qui n'auraient pas été payées au point d'entrée au Maroc sont rappelées à l'arrivée à destination.

Les militaires qui se rendent du Maroc en France, en Corse, en Algérie ou en Tunisie reçoivent au point de départ, les indemnités de déplacement afférentes à la totalité des trajets à parcourir jusqu'à la destination définitive.

Dans l'un et l'autre cas, il est fait exception aux règles ci-dessus en ce qui concerne l'indemnité de transport de mobilier qui, en principe, est payée en totalité à l'arrivée à destination pour les divers trajets parcourus.

Toutefois, les intéressés peuvent, sur leur demande, obtenir le paiement de l'indemnité de transport de mobilier : au port d'embarquement pour le trajet compris entre le point de départ et le port d'embarquement; au port de débarquement pour le transport par mer; au point de destination pour le trajet compris entre le port de débarquement et ce point.

Cette indemnité est toujours payée sur production par les militaires intéressés des pièces prévues par l'article 20 de l'instruction.

Pour permettre le paiement des indemnités de déplacement aux militaires se rendant du Maroc en France, en Corse, en Algérie ou en Tunisie, les services de l'intendance du Maroc doivent être pourvus d'une copie des barèmes des ports de France, de Corse, d'Algérie et de Tunisie où peuvent débarquer les militaires venant du Maroc.

Les dispositions d'exception prévues à l'article 9 (dernier alinéa), de l'annexe n° 1, pour les hommes de troupe des régiments étrangers, des bataillons d'Afrique et des compagnies de discipline, sont applicables en toutes circonstances à ceux de ces militaires renvoyés du Maroc en France, en Corse, en Algérie ou en Tunisie.

DEUXIÈME PARTIE

ORGANISATION GÉNÉRALE DU SERVICE DES FRAIS DE DÉPLACEMENT
AU MAROC — DISPOSITIONS GÉNÉRALES

ART. 6. — Le régime des frais de déplacement aux militaires isolés est étendu au Maroc, en vertu du décret du 30 octobre 1919 attribuant aux militaires faisant partie des troupes d'opération du Maroc un nouveau régime de solde.

En conséquence, les dispositions du décret et de l'instruction sur le service des frais de déplacement aux militaires isolés sont appliquées au Maroc, sauf à tenir compte des modalités particulières ci-après.

ATTRIBUTIONS DES DIFFÉRENTES AUTORITÉS

ART. 7. — Le commandant en chef des troupes d'occupation du Maroc a, en matière de frais de déplacement, les mêmes prérogatives et responsabilités que les commandants de corps d'armée dans la métropole.

Le directeur de l'intendance, le payeur principal chef du service des trésor et postes aux armées et ses agents ont les mêmes attributions qu'ont en France les directeurs de l'intendance de corps d'armée, les trésoriers-payeurs généraux, les receveurs particuliers des Finances et les percepteurs.

ABONNEMENT

Art. 8. — Le régime de l'abonnement prévu par l'article 4 **du** décret et de l'instruction est applicable au Maroc.

Le crédit forfaitaire mis à la disposition du commandant en chef est réparti par ses soins entre les commandants de subdivisions et de territoire.

MODE DE LOCOMOTION

Art. 9. — Aux divers modes de locomotion dont l'emploi est prévu par l'article 3 du décret, il convient d'ajouter le transport par mer (navigation côtière) ainsi que le voyage à méhari et le voyage à cheval, ce dernier n'étant plus limité aux déplacements dans les environs immédiats des garnisons.

L'emploi de ces divers modes de locomotion, tout en se faisant, d'une façon générale, conformément aux dispositions du décret et de l'instruction, fait, sur certains points, l'objet de dispositions spéciales notamment en ce qui concerne l'emploi de la voie d'eau côtière et le mode de voyage à cheval ou à méhari.

Ces dispositions spéciales font l'objet d'ordres généraux ou particuliers arrêtés :

1º Par le commandant en chef pour les mouvements s'effectuant à l'intérieur du Maroc;

2º Par le commandant en chef de concert avec le commandant du 19e corps d'armée pour les mouvements intéressant à la fois le Maroc et l'Algérie.

Le commandant en chef détermine, en outre, le mode de locomotion (voyage à pied, en tramways ou en voiture publique) qui doit être employé à défaut de chemins de fer pour l'appel des jeunes soldats et les convocations de réservistes et territoriaux.

INDEMNITÉ KILOMÉTRIQUE

Art. 10. — L'indemnité kilométrique en chemins de fer est décomptée d'après les tarifs effectivement appliqués par les compagnies de chemins de fer.

Le commandant en chef peut prescrire, s'il le juge utile, la délivrance de bons de chemins de fer aux lieu et place de l'allocation de l'indemnité kilométrique.

Pour les hommes de troupe des régiments étrangers, des bataillons d'Afrique et des compagnies de discipline, les bons de chemins de fer doivent toujours être délivrés au lieu de l'indemnité kilométrique.

Barèmes. — Les barèmes sont établis d'après les règles générales fixées par l'article 14 de l'instruction.

Il appartient toutefois au commandant en chef de donner toutes instructions nécessaires pour l'établissement de ces documents. Les barèmes ne doivent concerner que le Maroc et les postes limitrophes de l'Algérie.

La durée des trajets est évaluée d'après les bases indiquées à l'article 14 de l'instruction.

Le commandant en chef fixe les bases des durées de trajets pour les voyages à cheval et à méhari : vitesse moyenne à l'heure, nombre d'heures de marche par jour.

INDEMNITÉ JOURNALIÈRE OU PARTIELLE (1)

Art. 11. — Lorsqu'on n'aura pu, notamment dans les cas de voyage à pied, à cheval ou à méhari, faire constater par les autorités militaires ou les personnes prévues à l'article 15 de l'instruction, les circonstances de force majeure ou fortuites qui auraient entraîné des prolongations des durées prévues pour les trajets ou nécessité des séjours imprévus, en cours de route, les intéressés devront relater les faits dans un rapport qui sera remis à l'autorité chargée du paiement ou du mandatement des indemnités de déplacement. Ce rapport restera annexé au registre des déplacements.

INDEMNITÉ FIXE DE DÉMÉNAGEMENT (1)

Art. 12. — Cette indemnité est due pour tous les changements de résidence à l'intérieur du Maroc.

INDEMNITÉ DE TRANSPORT DE MOBILIER (1)

Art. 13. — Les tarifs maxima à appliquer en ce qui concerne le transport des bagages et le mobilier au Maroc, y compris la traversée, sont ceux prévus pour l'Algérie, la Tunisie et le Maroc par le tableau A annexé au décret.

---

(1) Ces indemnités ne sont allouées qu'aux taux prévus pour les célibataires aux militaires chefs de famille dont la famille n'a pas été autorisée à résider régulièrement au Maroc ou n'a pas accompagné le chef de famille.

a) *Transport par voie ferrée.* — Le décompte est toujours établi d'après le tarif de la petite vitesse et suivant les tarifs commerciaux appliqués par les compagnies.

Lorsqu'il est appliqué un tarif spécial (par wagon complet par exemple), le décompte ne doit pas dépasser, pour l'ensemble du transport, celui qui résulterait de l'application du tarif général pour le mobilier réellement transporté dans la limite des fixations réglementaires.

D'autre part, il ne doit jamais être remboursé une somme supérieure au montant de la dépense faite.

b) *Transport par mer.* — Les prix à payer sont ceux fixés par l'État ou par les conventions passées avec les compagnies subventionnées ou contractantes.

c) *Transport par voie d'eau côtière.* — L'indemnité est décomptée d'après les tarifs consentis, le cas échéant, par les conventions ou traités passés avec l'administration de la Guerre et, à défaut, suivant les tarifs locaux de navigation.

Toutefois, l'indemnité à allouer dans l'emploi de la voie côtière ne peut être plus élevée que le décompte par voie ferrée ou par voie de terre.

d) *Transport par voie de terre.* — Le transport ne donne pas lieu à l'indemnité lorsqu'il est effectué par les moyens militaires. Dans les autres cas, l'indemnité à payer suivant les conditions fixées par l'article 3 du décret et de l'instruction est celle indiquée par le tableau A annexé au décret.

MOUVEMENTS DANS L'INTÉRIEUR ET AUX ENVIRONS DES GARNISONS

ART. 14. — Ne sont pas assimilés aux changements de résidence les mouvements effectués à titre définitif :

1º Entre une place et un poste détaché de cette place et *vice versa;*

2º Entre deux postes détachés d'une même place;

3º Entre deux établissements d'une même place.

Toutefois, les intéressés pourront être autorisés, le cas échéant, à employer les moyens de transport militaires.

DISPOSITIONS SPÉCIALES CONCERNANT LES OFFICIERS DU SERVICE DES RENSEIGNEMENTS AU MAROC

ART. 15. — Les officiers du service des renseignements du Maroc ont droit aux frais de déplacement à l'occasion des changements de résidence ou lorsqu'ils sont convoqués au quartier général par un ordre du commandant en chef.

Tous autres déplacements, motivés par le service spécial, ne leur donnent pas droit aux frais de déplacement.

DÉPLACEMENTS DES MILITAIRES INDIGÈNES ALGÉRIENS, TUNISIENS ET DES MILITAIRES INDIGÈNES MAROCAINS SERVANT DANS LES TROUPES RÉGULIÈRES

ART. 16. — Les dispositions relatives aux chefs de famille sont applicables aux militaires indigènes, officiers et hommes de troupe, qui sont mariés soit suivant la loi française, soit suivant la loi musulmane.

Pour les hommes de troupe indigènes, cette disposition ne concerne que ceux qui servent volontairement au delà de la durée légale et obligatoire (article 11 du décret).

En outre, les droits des hommes de troupe indigènes à l'indemnité fixe de déménagement et à l'indemnité de transport de mobilier sont limités à la moitié des fixations du tarif.

DÉPLACEMENTS SPÉCIAUX AUX SERVICES DE L'ARTILLERIE, DU GÉNIE, DU SERVICE GÉOGRAPHIQUE, DU RECRUTEMENT ET DE L'AÉRONAUTIQUE

ART. 17. — Les frais de déplacement de cette nature sont mandatés par les directeurs des services intéressés sur les crédits spécialement prévus à cet effet et dans les conditions particulières à ces services.

COMPTABILITÉ

ART. 18. — La comptabilité des frais de déplacement au Maroc (mandatement, paiement, ordonnancement et liquidation) est faite conformément aux dispositions prévues par le décret et l'instruction.

Annexe n° 3 *ter* du 26 mai 1921
au Règlement sur le service des frais de déplacement
aux militaires isolés.

TABLEAU SYNOPTIQUE

*des indemnités à allouer pour le départ pour le Maroc
et pour le retour.*

TABLEAU des indemnités à allouer au départ pour le Maroc et au retour (annexe n° 3 *ter* au Règlement sur le service des frais de déplacement).

MUTATIONS	INDEMNITÉ journalière normale pour les militaires	INDEMNITÉ KILOMÉTRIQUE — pour les militaires	INDEMNITÉ KILOMÉTRIQUE — pour les familles telles qu'elles sont définies par l'article 11b du décret	INDEMNITÉ FIXE DE DÉMÉNAGEMENT — Chef de famille	INDEMNITÉ FIXE DE DÉMÉNAGEMENT — Célibataire	INDEMNITÉ FIXE DE DÉMÉNAGEMENT — Différence	INDEMNITÉ POUR TRANSPORT DE MOBILIER — *Grande vitesse* — Pour excédent de bagages dans la limite de la franchise sur les paquebots pour le Maroc	INDEMNITÉ POUR TRANSPORT DE MOBILIER — *Petite vitesse* — Pour mobilier transporté au Maroc comme célibataire	INDEMNITÉ POUR TRANSPORT DE MOBILIER — *Petite vitesse* — Pour mobilier transporté au Maroc comme chef de famille	INDEMNITÉ POUR TRANSPORT DE MOBILIER — *Petite vitesse* — Pour mobilier transporté par la famille dans autre localité	INDEMNITÉ POUR TRANSPORT DE MOBILIER — *Petite vitesse* — Pour complément de mobilier expédié dans autre localité	GRATUITÉ de la traversée de la métropole en Corse, Algérie, Tunisie, ou vice versa	OBSERVATIONS
1	2	3	4	5	6	7	8	9	10	11	12	13	14
Militaires se rendant au Maroc.													(1) Allouée. (2) Suivant le grade que le chef de famille possédait au moment de son départ pour le Maroc.
1° Chefs de famille régulièrement autorisés à emmener leur famille au Maroc.	A (1)	A	A pour chaque membre de la famille autorisé à résider au Maroc et pour les autres membres dans les conditions du § suivant.	A	»	»	A	»	A	»	A	»	
2° Chefs de famille partant seuls au Maroc et dont la famille quitte la résidence de son chef lors du départ de celui-ci.	A	A	A de la résidence au lieu où se retire la famille.	A une seule indemnité.	»	»	A	A	»	A pour la différence avec le poids transporté par le chef de famille.	»	A quand la famille effectue la traversée.	
3° Célibataires ou chefs de famille dont la famille continue à résider dans l'ancienne garnison.	A	A	»	»	A	»	A	A	»	»	»	»	
4° Famille quittant dans le délai de 6 mois l'ancienne résidence de son chef et avec son autorisation.	»	»	A comme au n° 2.	»	»	A (2)	»	»	»	A (2) comme au n° 2.	»	A comme au n° 2.	
5° Famille autorisée à rejoindre son chef au Maroc :													
a) Si elle a continué à habiter l'ancienne garnison du chef de famille.	»	»	A pour chaque membre.	»	»	A (2)	A	»	A (2) sauf diminution du poids emporté par le chef de famille § 3.	»	A (2)	»	
b) Si elle a quitté la résidence dans les conditions du § 2.	»	»	»	»	»	»	»	»	»	»	»	»	
Militaires rentrant du Maroc.													
6° Chefs de famille rentrant définitivement avec leur famille quand ils ont été autorisés à l'emmener ou à se ma-													

MUTATIONS	INDEMNITÉ journalière normale pour les militaires	INDEMNITÉ KILOMÉTRIQUE — pour les militaires	INDEMNITÉ KILOMÉTRIQUE — pour les familles telles qu'elles sont définies par l'article 11b du décret	INDEMNITÉ FIXE DE DÉMÉNAGEMENT — Chef de famille	Célibataire	Différence	INDEMNITÉ POUR TRANSPORT DE MOBILIER — Grande vitesse — Pour excédent de bagages dans la limite de la franchise sur les paquebots pour le Maroc	Petite vitesse — Pour mobilier transporté au Maroc comme célibataire	Petite vitesse — Pour mobilier transporté au Maroc comme chef de famille	Petite vitesse — Pour mobilier transporté par la famille dans autre localité	Petite vitesse — Pour complément de mobilier expédié dans autre localité	GRATUITÉ de la traversée de la métropole en Corse, Algérie, Tunisie, ou vice versa	OBSERVATIONS
1	2	3	4	5	6	7	8	9	10	11	12	13	14
rier pendant leur séjour au Maroc.													
a) Militaires titulaires d'un congé de fin de campagne ou de convalescence :													
Pour se rendre au lieu de congé.	A (partielle le cas échéant).	A	A seulement pour les membres autorisés à résider au Maroc et rentrant en même temps que leur chef.	A une seule indemnité.	»	»	A	»	A pour le parcours direct du Maroc à la nouvelle résidence.	»	A pour le parcours du lieu de dépôt à la nouvelle résidence.	A s'il y a lieu.	
Pour rejoindre leur nouvelle résidence d'affectation.	A (partielle le cas échéant).	A	A comme ci-dessus pour les membres rentrés du Maroc avec leur chef. Les autres membres reçoivent l'indemnité du lieu où ils se sont régulièrement retirés, à la nouvelle résidence.	A une seule indemnité.	»	»	A	»		»			
b) Militaires ralliant directement leur nouveau poste en partant du port d'embarquement.	A	A	A pour chaque membre accompagnant le chef de famille, et pour les autres comme ci-dessus.	A	»	»	A	»	comme ci-dessus.	»	comme ci-dessus.	comme ci-dessus.	
7° Familles rentrant du Maroc par anticipation.	»	»	A pour se rendre dans la localité où elle se fixe en attendant le retour du chef.	»	»	A	A	»	A	»	»	comme au n° 2.	
8° Célibataires :													
a) Allant en congé :													
Pour se rendre au lieu de congé.	A (partielle le cas échéant).	A	»	»	A une seule indemnité.	»	A	A pour le parcours direct du Maroc à la nouvelle résidence.	»	»	»	A s'il y a lieu.	
Pour rejoindre la nouvelle résidence.	A (partielle le cas échéant.)	A	»	»		»	A		»	»	»	A s'il y a lieu.	
b) Rejoignant directement la nouvelle résidence.	A	A	»	»	A	»	A	A	»	»	»	A s'il y a lieu.	
9° Chefs de famille n'ayant pas emmené leur famille au Maroc et dont la famille a con-													

MUTATIONS	INDEMNITÉ journalière normale pour les militaires	INDEMNITÉ KILOMÉTRIQUE — pour les militaires	INDEMNITÉ KILOMÉTRIQUE — pour les familles telles qu'elles sont définies par l'article 11b du décret	INDEMNITÉ FIXE DE DÉMÉNAGEMENT — Chef de famille	Célibataire	Différence	INDEMNITÉ POUR TRANSPORT DE MOBILIER — Grande vitesse — Pour excédent de bagages dans la limite de la franchise sur les paquebots pour le Maroc	Petite vitesse — Pour mobilier transporté au Maroc comme célibataire	Petite vitesse — Pour mobilier transporté au Maroc comme chef de famille	Petite vitesse — Pour mobilier transporté par la famille dans autre localité	Petite vitesse — Pour complément de mobilier expédié dans autre localité	GRATUITÉ de la traversée de la métropole en Corse, Algérie, Tunisie, ou vice versa	OBSERVATIONS
1	2	3	4	5	6	7	8	9	10	11	12	13	14
…nné à résider dans l'ancienne garnison :													
a) Allant en congé : Pour se rendre au lieu de congé.	A (partielle le cas échéant).	A	»	»	A une seule indemnité.	»	A	A pour le parcours direct du Maroc à la nouvelle garnison.	»	»	»	A s'il y a lieu.	
Pour rejoindre la garnison d'affectation.	A (partielle le cas échéant).	A	A pour se rendre s'il y a lieu de l'ancienne à la nouvelle garnison.	»		A s'il y a lieu.	A	»	»	A de l'ancienne à la nouvelle garnison s'il y a lieu.	»	A de l'ancienne à la nouvelle garnison s'il y a lieu pour la famille.	
b) Rejoignant directement la nouvelle garnison.	A	A	A comme ci-dessus.	»	A	A comme ci-dessus.	A	A comme ci-dessus.	»	A comme ci-dessus.	»	A comme ci-dessus.	
10° Chefs de famille n'ayant pas emmené leur famille au Maroc et dont la famille s'est régulièrement retirée dans une autre localité :													
a) Allant en congé : Pour se rendre au lieu de congé.	A (partielle le cas échéant).	A	»	A une seule indemnité.		»	A	A comme ci-dessus.	»	»	»	A s'il y a lieu.	
Pour rejoindre la nouvelle garnison.	A (partielle le cas échéant).	A	A pour se rendre du lieu où elles se sont régulièrement retirées à la nouvelle garnison.	A une seule indemnité.	»	»	A	»	»	A du lieu où la famille s'est régulièrement retirée à la nouvelle garnison.	»	A s'il y a lieu et comme au n° 2.	
b) Rejoignant directement la nouvelle garnison.	A	A	A comme ci-dessus.	A une seule indemnité.	»	»	A	A comme ci-dessus.	»	A comme ci-dessus.	»	A comme ci-dessus.	
11° Chefs de famille dont la famille est rentrée du Maroc par anticipation.													
a) Allant en congé : Pour se rendre au lieu de congé.	A (partielle le cas échéant).	A	»	A une seule indemnité.	»	»	A	A comme ci-dessus.	»	»	»	»	
Pour rejoindre la nouvelle garnison.	A (partielle le cas échéant).	A	A du lieu où la famille s'est retirée au retour du Maroc à la nouvelle garnison.	A une seule indemnité.	»	»	A	»	»	A du lieu où la famille s'est retirée à son retour, à la nouvelle garnison.	A du lieu de dépôt à la nouvelle garnison.	A comme au n° 2.	
b) rejoignant directement la nouvelle garnison.	A	A	A comme ci-dessus.	A comme ci-dessus.	»	»	A	A comme ci-dessus.	»	A comme ci-dessus.	A comme ci-dessus.	A comme au n° 2.	

IMPRIMERIE BERGER-LEVRAULT, NANCY-PARIS-STRASBOURG